(onserver la Couverture)

MÉMOIRE

HISTORIQUE ET GÉNÉALOGIQUE

SUR LA FAMILLE

ROUS DE LA MAZELIÈRE

PARIS

IMPRIMERIE DE A. PARENT

31, RUE MONSIEUR-LE-PRINCE, 31

—

1873

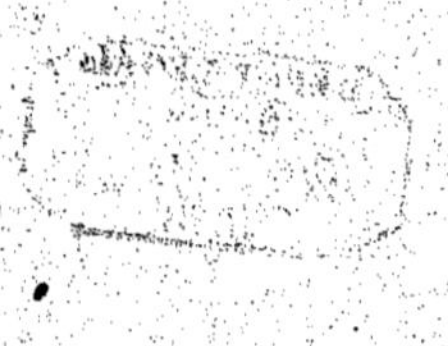

ROUS DE LA MAZELIÈRE

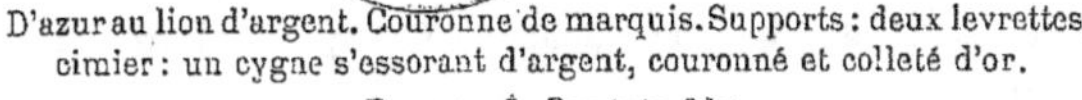

D'azur au lion d'argent. Couronne de marquis. Supports : deux levrettes;
cimier : un cygne s'essorant d'argent, couronné et colleté d'or.

DEVISE : *In Deo tuta fides*.

La communication de titres réguliers, qui nous ont été
soumis, nous fait un devoir de rectifier, de la manière sui-
vante, l'article donné par nous sur cette famille, dans
notre *Armorial de Dauphiné* (*Lyon, Perrin,* 1867), et d'au-
toriser au besoin M. le marquis de la Mazelière, à faire
imprimer cette rectification avant la publication du sup-
plément à l'*Armorial*, pour lequel nous l'avons rédigée.

D'après les actes et de nombreux auteurs anciens, il
paraît incontestable qu'un rameau de l'illustre maison des
Rossi, de Parme, dut se réfugier, au commencement du
XIV⁰ siècle, à Cuneo et dans la vallée de Château-Dauphin,
(située partie dans le mandement de Briançon, et partie
dans le marquisat de Saluces), afin de se soustraire aux
persécutions que leur famille, activement mêlée aux luttes
politiques de sa patrie, subissait à Parme (Voir *les
Familles célèbres d'Italie*, par le comte Pompeo Litta.)

Les historiens et généalogistes rattachent à ce rameau
la famille *Rous de la Mazelière*, dont le nom de Rossi fut
francisé en celui de *Rous*, bientôt après son établissement
dans le Briançonnais.

1

Jean, Jacques et Guigues Rous figurent, en 1339, sur une liste des nobles possédant fief dans la vallée de Château-Dauphin, ainsi que Pierre et Lambert *Rouge* (*Inventaire des archives de la Chambre des comptes de Dauphiné*, f° 402).

Une pièce, sur parchemin, conservée aux archives de Bellin, près de Château-Dauphin, établit une transaction, passée en 1404, par Jean de Rous, fils de Michel de Rous, vivant en 1375.

Antoine, Pierre, Jean, Jacques et Barthélemy Rous figurent dans le dénombrement des feux de Bellin, en 1434.

Guillaume Rous reconnut, avec son frère Benoît, en 1474, retenir en emphytéose perpétuelle et en fief noble et patrimonial (*In amphitheosim perpetuum et in gentile et antiquum feudum*), du marquis de Saluces, une terre située au territoire de Saint-Front, dans le voisinage de Château-Dauphin.

Le nom des deux frères, appelés en latin *Benedictus et Guillotus de Rubeis*, et dans le Protocole italien, *Guglimetto* et *Benedetto fratelli* Rossi, se trouve traduit dans la *Cote française ancienne*, par *Guillaume* et *Benoît Rous* (*Archives du royaume, Protocollo di Pietro Milanero, segretario del Marchese di Saluzzo*, f° CXVII).

Toutefois, nous ne pouvons faire remonter la filiation suivie de cette famille, alliée ou apparentée aux meilleures maisons du Dauphiné et de la Provence, qu'à partir de *Barthélemy Rous*, qui forme le premier degré. Il ne nous est pas possible jusqu'à présent d'établir, d'une manière certaine, s'il était fils de *Guillaume* ci-dessus mentionné ou de *Pierre Rous* marié avec *Anne* CHABERTI, lequel, d'après les plus grandes probabilités, serait père de :

1° BARTHÉLEMY, qui forme la branche de la Mazelière ;

2° ANTOINE, souche de celle des marquis de Bellafaire, mentionnée après la précédente.

CHABERT.
D'azur semé de taux d'argent ; à la bande de même, chargée de 3 rocs d'échiquier de sable.

I

BARTHÉLEMY ROUS, *consul de Château-Dauphin*, est rappelé dans le livre du cadastre de Bellin, en 1579, comme défunt et père d'Antoine Rous (1). Il laissa :

1° ANTOINE, qui suit;

2° MARGUERITE, femme de *Jacques* MARC, dont le fils Antoine Marc, capitaine de Château-Dauphin, est mentionné plus loin.

II

ANTOINE ROUS, reconnu par acte de l'an 1549 avoir et posséder, *en fief et droit seigneurial*, de Henri II, roi de France, plusieurs terres sises à Sampeyre ou Saint-Pierre, près de Château-Dauphin.

Il signa, en 1579, une transaction mentionnée dans le livre du cadastre et passa divers actes de 1580 à 1588 (*Minutes des notaires de Bellin, conservées aux archives de l'insinuation de Vénasque*).

Il fut père de :

1° JEAN, qui suit;

2° MATHIEU, qui donna, par acte passé à Saint-Eusèbe de Château-Dauphin, le 9 mars 1647, procuration à Mathieu Rous, son neveu, pour transiger au sujet d'une créance sur sa cousine-germaine Anne Arnaud, veuve d'Antoine Marc, capitaine de Château-Dauphin.

(1) La charge de consul, revêtue, dans le Briançonnais, de nombreux priviléges (qui la plaçaient dans une grande indépendance politique et législative en vertu de la charte octroyée par les Dauphins en 1440 et confirmée depuis par les rois de France), était tenue et recherchée par les personnes les plus considérables du pays. (Voir Fauché-Prunelle, *Essai sur les anciennes institutions des Alpes Cottiennes* Grenoble, 1856.)

III

JEAN ROUS, un des chefs et capitaines protestants du Briançonnais, sous les rois Henri III et Henri IV, prit une part active aux guerres du Dauphiné et du marquisat de Saluces.

Il se distingua à la défense de la vallée de Château-Dauphin, dont le duc de Savoie s'empara en 1588, à la faveur des troubles de la Ligue.

Il se réfugia alors dans l'Embrunois, où commandait le connétable de Lesdiguières, et *Charonnet* (dans son *Histoire des guerres de religion des Hautes-Alpes* Gap, 1861, f° 308), cite le capitaine Jean Rous comme chef du parti protestant d'Embrun.

Il fut élu troisième consul de cette ville (consulat réservé aux protestants) en 1628, et avait épousé, par contrat reçu par Mᵉ *Antoine Salva, notaire à Embrun*, le 7 décembre 1607, Magdeleine DIOQUE, fille de Guillaume *Dioque* et de Magdeleine de RAME.

Jean Rous fit, le 30 juillet 1630, son testament olographe, dans lequel on voit qu'il était rentré dans le giron de l'Église. Par cet acte, signé et cacheté du sceau de ses armes et déposé aux mains de *Jeanselme, notaire à Embrun*, il lègue entre autres dons pieux, 50 livres à l'église de Bellin, vallée de Château-Dauphin, son pays natal, et fonde un lit, avec dotation, dans l'hôpital d'Embrun.

La commission administrative de cet hospice, dans sa séance du 6 juillet 1855, décida à l'unanimité que le nom du capitaine Jean Rous serait rétabli sur la liste des bienfaiteurs, *en mémoire de ses libéralités et pour réparer un oubli envers l'une des familles nobles des plus honorables, des plus charitables et des plus anciennes de l'Embrunois.*

Un extrait délivré par *Étienne, notaire*, d'un acte passé

Dioque.

D'argent au croissant de sable, accompagné de 3 tours, de gueules et surmonté: d'un arbre de sinople ; au chef d'azur chargé de 3 étoiles d'or rangées en fasce.

Rame.

D'argent au lion de sable, armé, lampassé et vilené de gueules..

au Chazal de Bellin, vallée de Château-Dauphin, le 20 juillet 1630, constate qu'il avait prêté 600 livres tournois à son cousin Antoine Marc, capitaine commandant à Château-Dauphin, prisonnier depuis le 1ᵉʳ mars 1630, dans les États du duc de Savoie.

Le capitaine Octave Mentte, commandant le fort de Sampeyre, maltraitait son captif et mettait sa vie en danger. Marc donna procuration, le 11 juillet 1630, devant *Roger, notaire à Verzuolo*, pour aliéner ses biens jusqu'à concurrence de la somme de 1,200 écus de Piémont, prix de sa rançon.

Jean Rous, mourut de la peste, le 18 août 1630. Magdeleine, sa veuve, testa, le 16 août 1657, *reçu Jeanselme, notaire royal et delphinal d'Embrun.*

Leurs enfants furent :

1° MATHIEU, qui suit ;

2° CLAUDE, légataire de son père, mort sans alliance ;

3° ANTOINE, légataire de son père, et encore non baptisé en 1630, porté au testament de sa mère (1657) comme destiné à entrer dans les ordres, qualifié prêtre bénéficiaire de N.-D. d'Embrun au contrat de mariage d'Ennemonde, sa nièce, en 1684 ;

4°, 5° et 6° MARIE, MAGDELEINE et MARGUERITE, légataires de leur père (1630).

IV.

MATHIEU ROUS, qualifié *Dominus* dans les actes en latin qui font mention de lui, institué héritier universel de ses père et mère, les 30 juillet 1630 et 16 août 1657, épousa par contrat du 31 juillet 1633, *reçu Jeanselme, notaire à Embrun*, MARIE CARLE, fille de Jacques *Carle*, consul d'Embrun en 1630 et de LÉONARD PARIS.

Il testa, le 18 janvier 1665, par devant *Jeanselme*,

CARLE.
Écartelé d'argent et de sable.

notaire, et mourut le lendemain. Conformément à son désir, il fut enseveli au tombeau de sa famille, sous les grandes orgues de l'église N.-D. d'Embrun.

Marie Carle, sa veuve, testa, le 30 juin 1685, par devant *L. Rispaud, notaire royal*, et demanda à être inhumée près de son mari.

Ils eurent entre autres enfants :

1° ANTOINE, institué héritier de ses père et mère, décédé sans alliance, en mars 1703.

Il est qualifié *Dominus* dans l'acte de baptême de sa sœur Ennemonde, dont il fut le parrain, le 21 septembre 1659.

Dans une procuration qu'il donna à son frère Joseph, pour le représenter au mariage de Bernard, leur frère puîné, on lui donne la qualité d'avocat en la Cour et lieutenant de la judicature d'Embrun ; dans beaucoup d'autres actes, il prend la seule qualification d'avocat au Parlement, ainsi que son frère Bernard et ses neveux et petits-neveux, comme lui cependant magistrats et possesseurs de charges de judicature.

Ayant négligé de fournir la production de ses armes, en 1696, d'Hozier lui en appliqua d'autres, selon l'usage en pareil cas, dans la partie consacrée aux enregistrements d'office (*armorial* des *généralités*) ;

2° ESPRIT ROUS, légataire de ses père et mère, prêtre et religieux de la Compagnie de Jésus, né le 29 mai 1641, fut tenu sur les fonts par *N. Dalmas* (des Dalmas, seigneurs de Réottier) et par dame (*Domina*) *Vallier* (Vallier de Lapeyrouse) ;

3° JEAN, né le 3 avril 1643, filleul de Messire *Antoine Granit Trispra* et de *Suzanne du Serre*, femme de Messire *David d'Hugues*, représentée par *Magdeleine Dioque*.

Il fut légataire de son père et suivit la carrière des armes.

Par acte du 13 janvier 1668, il transigea au sujet de sa

légitime, avant de partir pour l'armée où il se distingua, lors de la conquête de la Franche-Comté, et mourut sans postérité ;

4° Joseph, prêtre bénéficiaire, chanoine honoraire, puis prébendé de l'église métropolitaine de N.-D. d'Embrun, légataire de ses père et mère, assista, en 1695, au mariage de Bernard, son frère, et signa, comme témoin, au testament de Jeanne de Laydet, sa belle-sœur, en 1731 ;

5° Balthard, légataire de son père, décédé sans alliance, avant sa mère ;

6° Bernard, qui continue la descendance ;

7° et 8° Catherine et Magdeleine, légataires de leurs père et mère ;

9° Anne, mariée le 18 janvier 1678, à Luc SYLVESTRE (de Rioclar) ;

10° Ennemonde mariée : 1° le 20 avril 1684, à Michel DE MARINI ; 2° le 23 avril 1691 à Antoine LIONS, premier consul d'Embrun en 1694.

Sylvestre.
De gueules à 3 têtes de serpents d'argent, posées en pals. 2, 1 ; au chef d'argent chargé d'une porte d'azur.

Marini.

Lions.
De sable au lion d'argent, surmonté de 3 étoiles d'or et soutenu d'un croissant d'argent.

V.

BERNARD ROUS naquit à Embrun, le 29 octobre 1657 et fut tenu sur les fonts par messire *Bernard du Bonnet* et par *Françoise Dioque*.

Il suivit la carrière de la magistrature.

Au mois d'août 1692, le duc de Savoie s'étant emparé de la ville d'Embrun, exigea une somme considérable pour le rachat du pillage ; Bernard, un des commissaires chargés de traiter avec le vainqueur, contribua, sur ses propres deniers, à une part de cette contribution.

Il épousa, le 6 juin 1695, *Jeanne de LAYDET*, fille de Gaspard de Laydet et de *Marthe de RÉMUSAT*.

La bénédiction nuptiale leur fut donnée, en l'église cathédrale de Sisteron, en présence de messire Joseph de

Laydet *(issue des vicomtes de Marseille).*
De gueules à la tour ouverte pavillonnée d'or et maçonnée de sable.

Rémusat.
D'azur au chevron d'or, accompagné en chef de deux roses, et en pointe d'une hure de sanglier de sable.

Rous, chanoine de N.-D. d'Embrun, représentant par procuration spéciale, du 13 avril 1695, Antoine leur frère aîné.

Bernard Rous fit, le 6 avril 1711, son testament olographe, déposé chez *Pierre Rispaud, notaire d'Embrun,* mourut le 10 avril suivant, et fut inhumé en l'église de N.-D. d'Embrun.

Jeanne de Laydet testa, le 21 mars 1731, par devant *Antoine Robert,* notaire à Embrun, et fut enterrée auprès de son mari.

Ils laissèrent:

1° ANTOINE, qui suit;

2° et 3° VINCENT et CHRISTOPHE, légataires de leur père en 1711, mort avant 1731;

4° ANTOINE BERNARD, qui testa le 2 mars 1729, institua héritier Antoine son frère, et fit des legs à sa mère. Il prononça ses vœux, le 22 mars 1729, en l'abbaye royale des Bénédictins de N.-D. de Boscodon;

5° MARTHE, légataire de ses père et mère, mariée avec *Etienne* PÉLISSIER DE SALIGNAC.

6° *Marguerite,* légataire de ses père et mère, religieuse en l'abbaye royale de Sainte-Claire, à Sisteron.

V I

ANTOINE ROUS DE LA MAZELIÈRE, né à Embrun, le 11 juillet 1700, prit le nom *de la Mazelière,* porté depuis par cette famille. (*La Mazelière est une forêt faisant partie de la seigneurie des Orres.*)

Jurisconsulte distingué, il débuta avec éclat au barreau de Grenoble, et entra plus tard dans la magistrature.

Il épousa, le 12 juillet 1725, par contrat passé devant *Mᵉ Blanc, notaire à Embrun,* THÉRÈSE LIONS, fille d'Isaac Lions et de MARIE DANEL DU PLAN. Il fit son testament, le 30 juin 1759, par devant M° *Guérin, notaire à Embrun*, et mourut dans cette ville, le 25 mars 1768.

Thérèse Lions, sa veuve, recueillit la plus grande partie de la fortune de sa famille (qui avait abandonné la R. P. R. pour rentrer dans le sein de l'Église catholique romaine), testa le 28 juin 1759, et mourut à Embrun, le 28 juillet 1787.

Ils eurent pour enfants :

1° *Jacques-Joseph* Rous de la Mazelière, né le 20 mars 1726, légataire de ses père et mère, qui embrassa, quoique l'aîné de sa famille, l'état ecclésiastique ; chanoine prébendé de N.-D. d'Embrun, en 1754, il fut nommé vicaire-général de ce diocèse, le 23 août 1783.

Après avoir émigré à Pignerol, et sans redouter les périls auxquels l'exposait cette sainte mission, il était revenu dans cette ville, sur la demande de Mgr de Leyssin, archevêque et prince d'Embrun, au mois de novembre 1792.

Resté seul dépositaire des pouvoirs de ce prélat, il administra le diocèse pendant toute la terreur, malgré les violentes persécutions du gouvernement révolutionnaire et du clergé constitutionnel.

Nous avons sous les yeux un sauf-conduit à lui délivré par D. Charles-Philippe Palma, major général, commandant de la ville et province de Pignerol, en date du 7 octobre 1792, et destiné à faciliter sa périlleuse rentrée dans le diocèse confié à ses soins.

Il mourut à Châteauroux, près d'Embrun, le 12 février 1796, après avoir énergiquement refusé le secours d'un prêtre assermenté : sa mémoire est restée en vénération dans le pays ;

2° Pierre, qui suit ;

3° Antoine-Bernard Rous de la Mazelière, né à Embrun et encore mineur en 1759, fit partie de la petite communauté de Saint-Sulpice à Paris, et fut reçu bachelier en droit. Il se fit remarquer par ses talents oratoires. Son amour pour la retraite lui fit préférer le prieuré et la cure de Viterbe, diocèse de Lavaur, dont Jean-Antoine de Castellane était évêque, au brillant avenir qui s'ouvrait devant lui dans le clergé. En 1792, ayant refusé le serment schismatique, il fut déporté et interné, en 1794, dans la rade de l'île d'Aix, puis mourut à Madrid en 1798;

4° MAGDELEINE, mariée le 11 mai 1748, par contrat reçu *J.-B. Paris-Garnier, notaire du mandement de Savines,* avec *André* D'ANTHOINE, d'où sont issus les *d'Anthoine, barons de Saint-Joseph;*

5° MARGUERITE, légataire de ses père et mère, morte sans alliance sous la Restauration.

ANTHOINE (d').

...e, au cœur d'or traversé par une flèche de même, posée en bande, soutenu par un croissant de même; au chef cousu d'azur chargé de trois étoiles d'argent.

VII

ROUX DE SAINT-MICHEL.
D'argent au chevron de gueules, accompagné de 3 quintefeuilles de même.

VALLIER DE LA PEYROUSE.
D'azur à la bande d'argent, chargée de 3 étoiles de gueules et accompagnée de 2 chevrons alaisés d'argent (Rochon).

PIERRE ROUS DE LA MAZELIÈRE, né à Embrun, le 22 février 1733, épousa, le 22 septembre 1767, MARIE-ANNE ROUX DE SAINT-MICHEL, fille de Raymond *Roux de Saint-Michel* et de *Magdeleine-Victoire* VALLIER DE LA PEYROUSE sœur du général de ce nom.

A l'exemple de ses ancêtres, il avait embrassé la carrière de la magistrature et fut reçu, le 22 septembre 1767, juge commun de la ville d'Embrun et des châteaux archiépiscopaux; il fut ensuite nommé lieutenant-général de police d'Embrun, le 2 novembre 1768.

Fidèle à ses principes, il n'assista point aux assemblées de Vizille et de Romans, et suivit la ligne politique de l'archevêque d'Embrun.

Persécuté comme ses deux frères, il fut jeté dans la prison de Gap avec son oncle, le général Vallier de La Peyrouse, et mourut à Embrun, le 10 juillet 1797.

Il fut père de :

1° ANTOINE, qui suit;

2° THÉODORE - JACQUES - JOSEPH - VINCENT ROUS DE LA MAZELIÈRE, né à Embrun le 22 janvier 1778. Reçu à l'école de Metz, il se distingua ensuite en Espagne au siége de Sagonte en 1811 et mourut, le 15 septembre 1824, à Toulon, où il était commandant en chef du génie.

Nommé, le 2 mars 1811, chevalier; puis, le 14 février 1815, officier de la Légion d'honneur, sur la demande de S. A. R. le duc d'Angoulême, il fut créé chevalier de Saint-Louis, le 2 juillet 1817, et mourut sans laisser de postérité de son union avec *Stéphanie* DE JACOBI DU VALON, qu'il avait épousée en 1817;

JACOBI DU VALON.
De gueules, au sautoir formé d'une épée lamée d'argent, gardée d'or et d'un bourdon d'argent, la pointe de l'épée dirigée vers le canton senestre du chef, accompagné d'une étoile d'argent et de trois coquilles de même. L'étoile en chef.

3° JOSEPH-GABRIEL-CALIXTE-LAZARE-FRANÇOIS ROUS DE LA MAZELIÈRE, enseigne de vaisseau, fait prisonnier par les Anglais en 1801, périt, le 25 octobre 1805, dans le naufrage de l'*Indomptable*, criblé de boulets, après la bataille de Trafalgar;

4° PIERRE-FRANÇOIS-IGNACE-VICTOR, né en 1782, aspirant de marine, mort dans le port de Toulon, victime d'un accident de mer, après avoir fait partie de l'expédition d'Égypte;

5° ANTOINE-RAYMOND-CANDIDE, né en 1784, décédé à l'âge de 17 ans;

6° RAYMOND-MARCELLIN, né en 1788; officier au 7e régiment de cuirassiers, se distingua dans la désastreuse campagne de Russie, avec son régiment qui décida du salut de l'armée à la Bérézina. (Thiers, *Histoire du Consulat et de l'Empire*, t. XIV, p. 625.)

Il fut nommé, le 19 novembre 1812, chevalier de la Légion d'honneur, et mourut chef d'escadron, dans une charge de cavalerie à Hanau, le 30 octobre 1813. Ces quatre frères moururent sans postérité.

7° JEANNE - MARIE - VICTOIRE - THÉRÈSE, née à Embrun en 1769, mariée le 21 octobre 1788 à *Joseph-François*

Joubert.

Lachau.

Boissier.
D'or, au chevron de gueules ; au chef d'azur chargé de cinq étoiles d'argent 2 et 3.

Martin de la Laurèze et de Campredon.
D'argent au cavalier de gueules, chevauchant sur une terrasse de sinople.

JOUBERT, décédée le 28 décembre 1830; dont une fille unique morte sans postérité.

8° Marie - Françoise - Félicité - Sabine, née à Embrun le 3 septembre 1779, mariée à *Etienne-Auguste* LACHAU, membre du Conseil général des Hautes-Alpes, et maire d'Aspres, décédée à Aspres, au mois de mars 1844.

9° à 14°. Six enfants morts en bas âge.

VIII

Antoine-Bernard-André-Victor ROUS de LA MAZE-LIÈRE, MARQUIS DE LA MAZELIÈRE, né à Embrun le 9 avril 1771, était, en 1786, cadet gentilhomme au régiment de Bouillon, avec la survivance d'une compagnie.

Il émigra en 1791, parcourut une partie de l'Europe et se fixa à Constantinople, où ses hautes qualités lui valurent d'être élu cinq fois député de la nation française. Il sut, en relevant sa fortune, rendre d'éminents services à l'Eglise d'Orient et à ses compatriotes émigrés. Puis, rentré en France, il épousa à Marseille, le 3 mars 1810, Élisa-beth-Dorothée-Pauline DE BOISSIER, fille d'Antoine-François-Jacques de Boissier, ancien conseiller à la Chambre des comptes de Languedoc, et de *Anne-Jeanne* de MARTIN DE LA LAURÈZE.

Ses principes monarchiques lui firent refuser de servir le premier Empire; et il se retira dans sa terre de Saint-Hubert (Vaucluse), dont il fut le dernier possesseur, et à laquelle un bref de S. S. le Pape Pie VI, en date du 13 novembre 1787, avait attaché le titre de marquis, transmissible *soit par descendance, soit par la seule possession de la terre.*

Il mourut à Paris le 10 février 1850, et sa veuve, le 9 décembre 1857, laissant de leur union :

1° Alfred-Antoine qui suit;

2° André-Théodore, qui viendra après son frère;

3° Antoinette, née en 1810, mariée à Paris, le 2 juin 1840, avec *Anatole-Hilaire-Joseph-Sylvestre* DAUDÉ DE TARDIEU, BARON DE LA BARTHE, et décédée à Nice le 11 octobre 1847.

IX.

Alfred-Antoine ROUS, MARQUIS DE LA MAZE-LIÈRE, né au château de Saint-Hubert, le 2 août 1813, décédé, sans postérité, à Paris le 2 août 1860, instituant son frère son légataire universel, à charge de remplir plusieurs legs de bienfaisance.

IX bis.

André-Théodore ROUS DE LA MAZELIÈRE, COMTE, puis MARQUIS DE LA MAZELIÈRE, commandeur de l'ordre de Saint-Grégoire-le-Grand, par bref de *S. S. Pie IX*, en date du 5 décembre 1871, a mérité, par des actes considérables de bienfaisance, que le conseil municipal de la ville d'Embrun, dans sa séance du 8 avril 1866, décidât que le nom *de la Mazelière* serait donné à la place d'Embrun, où se trouve situé l'hôtel patrimonial de la famille.

Il a épousé à Paris, le 10 mai 1859, *Jeanne-Charlotte-Marie* DE ROUGÉ, fille d'*Adolphe-Joseph-Charles-Camille*, comte de Rougé, et de *Marie-Charlotte-Adrienne-Philip-de* SAINT-GEORGE DE VÉRAC.

Il a de cette union :

1° Antoinette-Louise-Élodie, née le 12 novembre 1862, tenue sur les fonts par son oncle, le *Baron de la Barthe*, et par sa bisaïeule *Euphémie de Noailles, marquise de Vérac*;

2° Antoine-Camille-Louis-Victor, né le 28 septembre 1864, filleul du *comte Camille de Rougé*, son bisaïeul, et de la *maréchale duchesse d'Albuféra*, née d'*Anthoine de Saint-Joseph*, sa cousine, et baptisé par Mgr Victor-Félix Bernadou, évêque de Gap, depuis archevêque de Sens ;

2° *Adolphe-Pierre-Marie-Olivier*, né le 11 octobre 1865, filleul du *comte Adolphe de Rougé*, son grand-père, et de *Cécile de Rougé*, sœur de Saint-Vincent-de-Paul, sa tante.

ROUS DE BELLAFAIRE

Seigneurs de Sigoyer, Malpoil, Verdillon, Gigors, Rémolon, marquis de Bellafaire, barons d'Oze et de Saint-Auban.

Coupé au 1. d'azur à 2 chevrons d'or, accompagnés de 3 besants d'argent; au 2 d'or; à l'arbre de sinople mouvant de la pointe.

Comme pour la branche précédente, on ne saurait jusqu'à présent fixer, d'une manière certaine, si c'est de Guillaume ou de Pierre Rous et d'Anne Chaberti qu'était fils :

I.

Antoine ROUS, co-seignéur de Sigoyer et de Malpoil, par lequel commence la filiation établie dans le jugement de maintenue, du 4 novembre 1667, où il est dit qu'Antoine Rous avait rendu hommage, en 1514, à l'évêque de Gap, pour plusieurs biens qu'il possédait à Sigoyer et à Malpoil. Il laissa trois fils :

1° Pierre qui suit ;

2° et 3° Balthasard et Jean, qui testèrent en faveur de leurs neveux.

II.

Pierre ROUS, co-seigneur de Sigoyer, épousa, le 29 avril 1535, Magdeleine CAVALIER, fille de Barthélemy Cavalier, ou Colavier, dont il eut :

1° Antoine, qui suit ;

2° Jean, qui partagea avec ses frères et sa mère, l'héritage de Balthasard et Jean, ses oncles, par acte du 15 janvier 1572 ;

3° Louis, qui épousa *Françoise* du PLESSIS, et en eut *Honoré Rous*, marié à *Françoise* de CAPRIS, et père de *François Rous*, vivant en 1667.

Cavalier.

Plessis (du).

Capris.
D'or au col et tête de chèvre de sable.

III

Antoine ROUS, co-seigneur de Sigoyer, contracta alliance, le 18 décembre 1571, avec *Bonne* MARTIN DE CHAMPOLÉON, qui testa, le 9 avril 1609, et laissa :

Martin Champoléon.
D'azur au chevron d'or ; au chef de même, chargé de cœurs de gueules.

IV

Jean ROUS, co-seigneur de Sigoyer ; marié, le 16 octobre 1616, avec Madeleine DE L'OLIVIER, qui testa, le 25 février 1669, et fut père de :

1° François, qui suit ;

2° Alexandre, seigneur de Verdillon, enseigne de la mestre de camp du régiment de Bonne, en 1639 ;

Olivier.
D'or au lion de gueules, rampant sur un rainceau d'olivier de sinope mouvant du côté senestre de la pointe.

V

François ROUS, co-seigneur de Sigoyer et de Malpoil, épousa, le 5 janvier 1660, *Marie* DE THOLOZAN. Il fit son testament le 2 septembre 1704, laissant :

Tholozan.
D'azur au griffon d'or ; au chef d'argent, chargé de 3 étoiles de gueules.

VI

Pierre ROUS, seigneur de Bellafaire, Gigors, Rémolon et Theus, baron d'Oze et de Saint-Auban, marié le 3 novembre 1711, avec *Louise* D'HUGUES, sœur de l'ar-

Hugues (d').
D'azur au lion d'or chargé de 3 fasces de gueules, brochant sur le tout, et surmonté de 3 étoiles d'or, rangées en chef.

chevêque de Vienne, décédée le 27 mars 1773, dont il eut :

1° FRANÇOIS, qui suit ;

2° JEAN ROUS, *chevalier de Bellafaire, brigadier des armées du roi, chevalier de Saint-Louis,* qui testa le 9 janvier 1787, et mourut à Grenoble, à la fin du siècle dernier ;

3° LOUIS ROUS DE BELLAFAIRE, *vicaire général du diocèse de Vienne, prieur de Faucon (vallée de Barcelonnette),* né en 1716, décédé à Bellafaire, le 28 septembre 1762, à l'âge de 46 ans ;

4° PIERRE, *prêtre, chanoine de l'église métropolitaine d'Embrun ;*

5° MARIE, qui épousa, par contrat du 10 avril 1735, le comte CHARLES DE RÉVILLASC, *chevalier, seigneur de Montgardin de la Fare, Poligny Tremini et Montbran, co-seigneur de Veynes et d'Aspres, en Dauphiné, et seigneur de Pontis, en Provence ;*

6° MARGUERITE, mariée, le 23 septembre 1738, à *Balthasard* DE GASSENDI, *chevalier, seigneur de Tartonne et de la Penne,* maire de Digne, dont le fils est mort sans alliance à Digne, le 24 juin 1818 ;

7° ANNE, dite *mademoiselle de Rémolon,* morte sans alliance ;

8° FRANÇOISE, dite *mademoiselle de Saint-Auban,* décédée sans alliance.

VII

FRANÇOIS ROUS, SEIGNEUR DE BELLAFAIRE, GIGORS, THEUS, RÉMOLON, BARON D'OZE ET DE SAINT-AUBAN, MARQUIS DE BELLAFAIRE, *lieutenant-colonel des grenadiers royaux, chevalier de Saint-Louis,* mort, sans alliance, à Gap, le 11 mai 1794, le dernier de cette branche qui, comme la précédente, avait appartenu à la R. P. R.

Paris, le 4 mars 1873.

Comte DE RIVOIRE LA BATIE.

Paris. — Typ. A. Parent, rue Monsieur-le-Prince, 31.

REVILLASC.
D'argent au lion de gueules, lampassé, armé et viléné de sable.

GASSENDI.
D'azur, au dauphin d'argent; au chef d'or, chargé de 3 pieds d'aigle de sable.

www.ingramcontent.com/pod-product-compliance
Lightning Source LLC
LaVergne TN
LVHW010108060726
842524LV00006B/2399